B A R D A C H D
Mhurchaidh Mhoireasdain
(na Hearadh)

Murchadh Moireasdan

Deasaichte le Morag NicLeòid

Le Taing.

acair

Chuidich teaghlach Mhurchaidh le cosgaisean
foillseachaidh an leabhair seo.

Air fhoillseachadh ann an 1992 le Acair Earranta,
7 Sràid Sheumais, Steòrnabhagh, Eilean Leòdhais.

© a' bhàrdachd Murchadh Moireasdan
Dealbh a' chòmhdaich le Eòlas.

Chuidich an Comann Leabhraichean am foillsichear
le cosgaisean an leabhair seo.

Deilbhte agus dèanta le Acair Earranta
Clò-bhuailte le Gasaet Steòrnabhaigh, Steòrnabhagh,
Eilean Leòdhais

ISBN 0 86152 906 5

Roimh-ràdh

Tha Murchadh Moireasdan à Cùl na h-Airde, baile beag air taobh siar an Tairbeart anns na Hearadh. B' e athair Murchadh Dhòmhnaill Aonghais Dhòmhnaill à Aird Asaig — an ath bhaile gu'n iar — agus a mhàthair Catrìona Mhurchaidh Chlachair on Tairbeart. B' ann às an Eilean Sgitheanach a thàinig a h-athair-se. Tha naidheachd laghach ri innse mu shinnsearan Catrìona's thug Uilleam Lawson agus Dòmhnall MacIomhair fiosrachadh oirre dhomh. Bha tè air an robh Iseabail NicIomhair a' fuireach aig an t-Sròm aig beul Loch-a-Ròg Beag, 's bha gaol aice air Calum MacAmhlaigh, mac Dhòmhnaill na Luachrach an Ceann Loch Reusart. Bha a pàrantan airson gum pòsadh i fear eile — Uigeach — agus bha'n rèiteach seachad 's ceann-latha air a chur romhpa airson a' phòsaidh. Fhuair Iseabail brath gu Calum e thighinn gu eaglais Mhiabhaig aig uair shònraichte, ach, am biodh e tràth gu leòr?

Dhìochuimhnich i'n toiseach, ma's fhìor, a meatagan, 's an uairsin, 's luchd na bainnse ag iomradh chon na h-eaglais, dh'fheumadh i dhol air tìr gu tobar's i gu tiacadh leis a' phathadh. Eadar a h-uile dàil a bh' ann, rinn Calum an gnothach air an uair. Chuir am ministear a' cheist, mar bu chleachdail aig an àm, am b' e an duine seo a bha Iseabail ag iarraidh a phòsadh. Thuirt i nach b' e. Dh'fhaighneachd e an robh a roghainn an làthair. Fhreagair i gu robh, Calum MacAmhlaigh. Fhuair i mar sin a toil fhèin, agus 's ann ri Calum a chaidh an ceangal-pòsaidh a dhèanamh. B' i i seo sinn-sinn-sinn-seanmhair Mhurchaidh Mhoireasdain air taobh a mhàthar. Thàinig Dòmhnall Bàn Greusaiche bhuapa agus 's ann bhuaithesan a thàinig a' mhòrchuid de cheannaichean an Tairbeart. Bha latha bha'n Tairbeart gu math beòthail air an sgàth.

'S e Murchadh an treas duine de theaghlach aon duine deug,

triùir nighean's ochdnar bhalach, agus rugadh e ann an 1913. Tha ceathrar a dhìth air na h-aon deug, fear a chaochail 'na leanabh, fear a chaidh a bhàthadh aig aois sia bliadhna deug, agus Corstag a chaochail ann an 1970 agus Dòmhnall ann an 1984. Bha Murchadh glè mhath air an sgoil, ach b'fhearr leis a bhith ag obair air caoraich is crodh, 's anns an eathar a bha aca. Nuair a dh'fhàg e an sgoil bha e ag obair anns a' mhuilinn chlòimhe a bha air taobh siar an Tairbeart. Tha cuimhne aige air bodach a bha ag obair anns a' mhuilinn, air an robh Iain Saighdeir, Iain MacDhiarmaid. Bhiodh Iain ag aithris bàrdachd 's ag innse sgeulachdan dha, agus 's ann air Murchadh a tha an t-aithreachas nach eil cuimhne aige air mòran dhiubh an-diugh. Bha rainn aige de dh'òran Ghilleasbaig Mhic Dhòmhnaill—An Ciaran Mabach, fear de dh'uaislean Chloinn Dòmhnaill—Ged is socrach mo leaba, b' annsa cadal air fraoch. Tha dà rann a bhuineas do fhrìth na Hearadh agus thug Murchadh do Aonghas MacMhathain iad nuair a bha e 'na ollamh air na cànanan Ceilteach an Oilthigh Ghlaschu (faic Transactions of the Gaelic Society of Inverness, XLIX, Inbhir Nis, 1977). Aig an àm thuirt Murchadh ri Aonghas MacMhathain gum b'ann o thè Maighread Bheag à Moilinginis a fhuair e 'n t-òran, ach 's e chuimhne tha aige 'n-diugh gun cuala e aig Iain Saighdeir e. Bha buntanas aig Iain Saighdeir ri Rèinigeadal agus tha ceangal mòr eadar muinntir Mhoilinginis is muinntir Rèinigeadail.

Co-dhiùbh, 's e an dà rann mu na Hearadh air an fheàrr cuimhne aig Murchadh, agus a dh'aindeoin còrr is lethcheud bliadhna air falbh às, 's e na Hearadh àite 's fheàrr leis air an t-saoghal fhathast. Dh'fhaodadh gu bheil tlachd aige do dh'òran a' Chiarain Mhabaich cuideachd a chionn 's gu bheil e toirt iomradh air sealg. Nuair a bha e glè òg cheannaich athair gunna-froise dha, 's an ceann treise fhuair e .22. Bhiodh daoine anns an àm ud gu bitheanta a' sealg an fhèidh agus ag iasgach a' bhradain. Gu dearbha cha robh iad ga mheas' na mheàirle, 's cha mhotha bha cuid de bhàillidhean a' cur dragh orra. Cha robh na poidsearan a bh' ann ri linn Mhurchaidh a' marbhadh uimhir's gun cuireadh uachdarain mòran umhail. Bhiodh Murchadh a' marbhadh choineanach, eun is iasg mara cuideachd, agus eadar sin is toradh na talmhainn bha an teaghlach gu math dheth. Bha e toilichte 'na chrannchur ann co-dhiùbh, agus 's ann mu dheidhinn na dachaigh, mu dhuine às dèidh duine dhan teaghlach, a rinn e a' cheud bhàrdachd. A rèir a chuimhne fhèin bha sin aig aois trì bliadhna deug, ach chan eil sgeul air rann dhith an-diugh.

Bha làithean sona aige ann an Cùl na h-Airde, ag obair còmhla ri Iain Saighdeir anns a' mhuilinn, 's an uair sin còmhla ri bràthair a mhàthar Dòmhnall Ailig a' togail thaighean 's a' clachaireachd. A' sealg 's ag iasgach, ag iomain chaorach is cruidh 's ag àiteach an fhearainn tron latha, air an oidhche bhiodh e 'g èisdeachd ri naidheachdan 's ri sgeulachdan 's ri bàrdachd, a' dol gu luaidh is gu bainnsean. Bha meas aige air a' Chiaran Mhabach 's air Donnchadh Bàn 's air Mac Mhaighstir Alasdair 's an leithidean, agus bu toigh leis am Bard Pabach (Niall Mac Ille Mhoire), Bàrd Chliuthair (Alasdair MacFhearghais), Dòmhnall Ailean Ruairi Oig (MacFhionghain) agus Alasdair Aonghais Alasdair (Moireasdan). Bha Alasdair sin càirdeach dha. 'S e òrain èibhinn a bhiodh e dèanamh. Bha dithis nighean bhrèagha air a robh "na stotaichean" aca (am facal Beurla stotters, 's cinnteach?) air mhuinntearas ann an Loids Losgaintir, fo ùghdarras tè Venables. Chaidh dithis fhleasgach a chèilidh orra aon oidhche, 's nach ann a ghlac am bana-mhaighstir a-staigh iad, 's cha b' e sin an sùgradh. Rinn Alasdair bàrdachd dhaibh anns an tug e am peanasachadh o chailleach Venables cho fada ri prìosan-sàil ann an Ceann Phàdraig. 'S e fear dha na balaich a tha briodhann an seo, às a' phrìosan:

"... Na stotaichean, ged 's lurach iad, nach sinn bh' air
fuireach clìor is,

's e b'fheàrr na bhith 'n-diugh gar ludradh anns a' phrìosan,
an sàl a' tighinn gu cunnartach, 's mi pumpadh aig na nì mi."

Ann am prìosan-sàil, a rèir aithris, bha muir-làn a' tighinn a steach ort 's dh'fheumadh tu bhith taomadh, no dheigheadh do bhàthadh.

'S iongantach mura robh buaidh aig òrain dhan t-seòrsa seo air na h-òrain èibhinn a rinn Murchadh Moireasdan. Gheibhear blasad dhan ràbhart a tha ann anns an òran a rinn e do Sheinneadairean Dhùn Eideann 's do Sheòras Clavey, Oidhche na Tubaist, agus shaoilinn gun còrdadh leithid Oran an Arain-Choirce, Hò horò Bhodaich agus Bradan ri Alasdair Aonghais Alasdair. Bhiodh barrachd air aon bhàrd anns a chuile baile dèanamh òrain dhan t-seorsa ud.

Ach math 's ga robh an gnothach, thàinig caochladh. Thainig lughdachadh air togail thaighean, 's cha robh obair eile ann, 's b'fheudar do Mhurchadh falbh. Chuir e aghaidh air Glaschu, agus cha robh e an sin ach dà latha nuair a fhuair e obair ann an taigh-creic aodaich, French's Warehouse. Bha e aca sin gus an do thòisich an cogadh, timcheall air ceithir bliadhna.

Nuair a bha obair an latha seachad bhiodh e dol a-mach cuairt, ann an suidheachadh a bha gu math eadar-dhealaichte ris an rud a chleachd e. Bha e 'g ionndrain nan cnoc 's nan gleann, ag ionndrain na saorsa bha aige anns na Hearadh. Bha e cuideachd air briseadh-dùil fhaighinn ann an gaol, tha mi 'n amharas, aig aois dà bhliadhna air fhichead. "Thàine mi mach as an taigh-loidsidh anns an robh mi air Caernarvon Street, agus choisich mi sìos New City Road, agus stràid bheag air—cha reid mi nach e Cambridge Street a bh' oirre—gu Sauchiehall Street. Bhithinn an uair sin a' tilleadh air Sauchiehall Street, a' cur m' aghaidh a-nall—'n iar, tilleadh air n-ais dha na digs. 'S an oidhche bha seo, nuair a ràine mi 'n còrnair aig Cambridge Street agus Sauchiehall Street, 's ann a bha 'n cnap

*mòr fraoich ann a shiud 'na laighe anns an drèan. 'S ghabh mi
iongnadh mo bheatha, 's thug i 'n cianalas orm. Stad mi 's thog mi
i 's thug mi leam i, agus cha robh mi ach air ceithir ceumannan a
dhèanamh nuair a thòisich an t-òran. Agus bha 'n t-òran ullamh
nuair a ràinig mi na digs. Agus bha balach Uibhisteach a' fuireach,
mi fhèin 's e fhèin, agus bha sinn anns an aon rùm, 's dh' innis mi dha
ma dheidhinn". Sgrìobh am fear sin an t-òran dha — A Gheugag
Fhraoich — agus 's e òran as fheàrr leis a rinn e.*

*Nas fheàrr na A Nìghneag a Ghràidh? Bha mi fhèin 's mo
phiuthar ann an Obar- Dheadhain as t-Samhradh ann an 1990, aig
banais. Air dhuinn a bhith tighinn a-mach air doras bùtha, 's ghip-
gheop againn ann an Gàidhlig, stad an tè seo sinn 's i air Gàidhlig
na Hearadh aithneachadh. 'S ann às na Hearadh a bha i fhèin, agus
fhuair mi mach gun gabhadh e bhith gum b' ise nìghneag gràidh
Mhurchaidh. Cha robh i ach air tadhal an Obar-Dheadhain
treiseag bheag de latha air a rathad gu tuath à Sasainn. Bha i eòlach,
eòlach air mo bhràthair, agus rinn an tachartas toileachadh mòr
dhomh. Ach cha robh Murchadh Moireasdan idir deònach
aideachadh gu robh tè shònraichte sam bith aige san amharc anns
an òran. Ma dheireadh fhuair mi às gu robh "tè ann gun teagamh,
ach na faighneachd dhomh càil ma dheidhinn. Chan eil mi dol gha
innse . . ." Dh' fheumainn a bhith riaraichte leis a sin agus cha
dùiriginn faighneachd cò dha an do rinn e na h-òrain-gaoil eile,
Gàidhlig is Beurla. Chan eil teagamh nach e A Nìghneag a Ghràidh
an t-òran as measaile aig daoine, ged nach e as fheàrr le Murchadh
fhèin.*

*Nuair a thòisich an cogadh chaidh Murchadh dhan a' Nèibhidh.
Rinneadh gunnair dheth, an sàs anna bhith losgadh air mèinneachan
air taobh an ear Shasainn. Rinn ar rìgheachd feum dhan oideachadh
a fhuair e leis a' ghunna-froise 's leis a' .22 Bha e cuideachd ann
am Malta, an Afraga a tuath, an Aimeireaga 's anns an Fhraing.
Thàinig air aon turas a dhol a thoirt bàta beag on Hudson River*

a-nall a Bhreatainn. *Thàinig stoirm orra 's b' fheudar dhaibh tilleadh an taobh an tàinig iad, pìos, agus acrachadh a mach o Mhaol Chinn Tìre, fad dà latha. Cha robh ach triùir dhiubh aig an robh seasamh-chas nuair a ràinig iad Londonderry — Murchadh fhèin, fear à Liverpool agus Sgitheanach, fear Iain Màrtainn. Bhiodh e tric a' dol ann an gàbhadh nach ruigeadh e a leas. (Nochd seòrsa ùr de mhèinn Ghearmailteach ann an Lowestoft. Dh'fhalbh Murchadh ann an eathar beag leis fhèin, thug e an t-uidheam-spreadhaidh as a' mhèinn 's thug e gu tìr i 's fhuair na Breatannaich cothrom air a rannsachadh.) Thàinig e às a' chogadh le D.S.M. Cha robh ceist sam bith air a' ghinealach ud nach robh e ceart iad fhèin a chur ann an cunnart a dhìon na rìgheachd. "Cha robh tìd' agad eagal a bhith ort," arsa Murchadh. "Ma bha eagal gu bhith ort 's ann às dèidh dhan chuile càil a bhith seachad." Agus dhèanadh e an nì ceudna a-rithist.*

Cha do rinn e aon òran mu na gnothaichean sin, a' meamhrachadh air cogadh no a' càineadh nan nàimhdean. Na h-òrain a rinn e mun àm sin — leithid Fàgail Chluaidh, Mòrag (òran a rinn e dha phiuthair) agus An Cianalas — 's e gaol is cianalas a bha air an cùl. 'S iomadh fear a rinn òran gaoil no cianalais 's a "làmh air an stiùir". 'S ann aig àm a' chogaidh a rinn Murchadh an dara h-òran as ainmeile tha anns a' chruinneachadh. Tha e fon ainm Cùl na h-Airde ged is e Bràigh Aird Asaig an t-ainm as fheàrr as aithne dhuinn air. Bha e air a' bhàta tighinn a-nuas taobh sear Shasainn, a-nuas ris a' chladach, 's e 'na sheasamh anns an taigh-chuibhle, an uinneag fosgailte 's cuideigin eile air an stiùir. Chuir e a ghàirdean air an uinneig "'s thàinig an t-òran dìreach as an iarmailt".

Phòs e Edna Beattie à Glaschu mun do chrìochnaich an cogadh. Bha iad a' cumail loidsearan, 's bha bùth aig Murchadh eadar e fhèin 's bràthair Edna. 'S e ceannaiche bh' ann o sin a-mach gus an tàinig na h-Innseanaich 's gun do ghabh iad as làimh a' chuid mhòr dha na bùithtean beaga air feadh Ghlaschu 's nam bailtean mun cuairt.

'S e cheud eòlas a chuir mi fhèin air Murchadh a bhìth ga fhaicinn air àrd-ùrlar mar fhear-taighe aig Cairstiona Dhòmhnallach ann an Oidhche Challainn aig Comann Leòdhais is na Hearadh. Bhiodh Murchadh' na Bhodach amh, a' tilgeil smugaidean, a' nigh' a chasan ann an mìs anns an rùm anns am biodh i fhèin a' toirt aoidheachd do chèileadairean na Callainn. Thigeadh seinneadair 's fear-ciùil ma seach a-steach, 's bhiodh rudan èibhinn a' tachairt, rudan a bha dùil agad a thachradh, ach 's iomadh gàire thug iad oirnn, gàire sa Gàidhlig fiù 's ged a bhitheadh tòrr Beurla 'na measg. 'S e Ailig MacIomhair nach maireann 's a bhràthair Dòmhnall a bha cumail rian air cùisean an uair sin, agus bha Murchadh Moireasdan 'na phàirt dhan spòrs airson mu fhichead bliadhna eadar 1960 agus 1980 no mun tuaiream sin. Bha e 'na Cheann-suidhe air Comann Leòdhais 's na Hearadh o 1961-1964.

Chuir e seachad roinn mhòr dha bheatha ag òl tuilleadh is cus de dheoch làidir — "a' dèanamh rudan nach dèanadh duine sam bith ach nuair a bha 'n deoch air, 's a' cosg a chuile sgilinn a bha mi cosnadh." *Tha còrr is trì bliadhna fichead o nach do dh'òl e boinne, 's tha e air a bhith cur seachad mòran tìde a' toirt tacsa do dhaoine dha bheil e duilich sgur. 'Se Alcoholics Anonymous bu cheud chobhair dha, ach ri ùine fhuair e creideamh ann an Dìa, creideamh nach caill e gu bràth. Tha a' chuid sin dha sheòl-beatha a' nochdadh anns a' bhàrdachd.*

Canaidh Murchadh fhèin nach eil ceòl aige idir, ach chan eil aon dha na h-òrain anns a' chruinneachadh seo nach gabhadh seinn ri fonn ainmeil air choreigin. Tha cuid dhiubh, ge-ta, 'nam bàrdachd nas motha na tha iad 'nan òrain. Tha doimhneachd annta, feallsanachd, buadhan inntinn gan nochdadh ris an t-saoghal, ann an dòigh nach eil a' tighinn ri seinn air àrd-ùrlar — 's dòcha nas freagarraiche airson seinn an taic an teine, leis na facail fa chomhair an t-seinneadair. Sin mar as minig a bhios daoine fhathast a' seinn laoidhean is òrain chràbhach, agus bhiodh Urnaigh, mar eisimpleir, am measg an leithid. Rinn e grunnan math de dh'òrain Bheurla cuideachd. Tha trì dha na h-òrain a tha air fàs fèilleil, A Nìghneag a Ghràidh, Sgiathan na h-Oidhche agus Cùl na h-Airde. 'S e fonn bitheanta tha air Cùl na h-Airde, agus 's e Dòmhnall Ros à Geàrrloch, a bha fuireach an Dùn Eideann, a chuir am fonn ri Sgiathan na h-Oidhche. 'S e Alasdair MacCoinnich, fear a mhuinntir Ghlaschu 's a chuideachd às an Eilean Sgitheanach, a chuir an ceòl ri A Nìghneag a Ghràidh. (Rinn e ainm dha fhèin ann am film ma dheidhinn bàta beag, Am Maggie, air an robh e 'na sgiobair.) Tha cuimhne mhath aig Calum Dan, bràthair Mhurchaidh, air Alasdair a' cur a' chiùil ri chèile.

Ged a bhrist air a shlàinte nuair a ghabh e stròc, chaidh aig Murchadh air a dhol gu cuirm bhliadhnail Chomainn Leòdhais is na Hearadh as t-Fhoghar 1991, agus abair gun do chòrd sin ris. Bha Criosaidh Nic a' Phiocair a' seinn ann—an tè as motha thug Bràigh Aird Asaig gu ar n-aire — agus mac bràthair a mhàthar, Iain Murchadh Moireasdan, fear a dheagh sheinneas A Nìghneag a Ghràidh. O 1970 's e Murchadh bàrd oifigeil Comann Leòdhais is na Hearadh.

The òran laghach no dhà anns a' chruinneachadh seo a bhios ùr do mhòran 's ris am faodte fonn a chur. 'S e rud math a bhiodh ann nan tigeadh tuilleadh dhan bhàrdachd aig Murchadh Mhurchaidh Dhòmhnaill Cul na h-Airde gu aire a' mhòr-shluaigh Ghàidhealaich mar òrain ri linn sin, agus mar bhàrdachd ri linn an fhoillseachaidh seo.

Morag NicLeòid

Murchadh Moireasdan a bha 'na Cheann-suidhe air
Comann Leòdhais 's na Hearadh o 1961-1964.

Clàr-innsidh

MORAG

Thoir soraidh bhuam, a ghaoth a tuath,
thoir soraidh bhuam is beannachd;
thoir soraidh bhuam gu tìr gach buaidh
far bheil mo luaidh 'na cadal.

Tha cogadh cruaidh an cois a' chuain
le iomadh cruas is gailleann,
's gum b'fheàrr leam fhìn nam faighinn nì
bhith 'n gleann na sìth am falach.

Nam bithinn tinn cha dèanainn strì
ach phaisginn m'inntinn seachad,
ach slàint' am chrìdh' gam fhàgail sgìth
's nach fhaod mi sgrìob thoirt dhachaigh.

Tha 'm bàta strì 's tha 'n cuan 'na ghlinn
's tha marcan-sìn' gam dhalladh;
gur dubh gach nì tha às mo chinn —
chan àm e, Rìgh, gu fanaid.

Tha doimhneachd cuain a-nochd mun cuairt,
tha 'n oidhche fuar is frasach —
gur e mo mhiann bhith aig a' bhòrd
far 'n d'dh'ith 's 'n do dh'òl mi fallain.

O Mhòrag, 's buan an t-astar bhuat
is tìm gu luath dol seachad;
falt do chinn a-nochd fo m'shùil —
's e bhith ri d'thaobh bu mhath leam.

Nuair thig an oidhche don a' ghleann
's a thig dhut àm a' chadail,
mar phiuthar chaoin don tug mi gaol,
O lùb do ghlùn le beannachd.

Is iarr air Rìgh na Deireadh Bhuan,
air Rìgh nan Dùl 's nam Flaitheas,
tròcair chaomh do neach tha fuar
tha a-nochd air uachdar mara.

A GHEUGAG FHRAOICH

Oidhche dhomh 's mi gabhail cuairt
an Glaschu chruaidh nan sràid,
thachair ormsa nì bha neònach
bhith air sheòl 's an àit' —
geugag fhraoich a thog mi suas
far cabhsair cruaidh gun bhlàths;
's bha fàileadh cùbhraidh gleann mo ghaoil
far geugag fhraoich mo ghràidh.

O gheugag fhraoich, nach bruidhinn thu rium
's nach cuidich thu mo dhàn!
Gu dè an t-àite measg nan gleann
's nam beann san robh thu tàmh?
An robh do dhachaigh fada shuas
os cionn nam bruach gu h-àrd,
no 'n robh thu tàmh an cois a' chuain
le osnaich bhuan gu bràth?

A gheugag fhraoich, am bruaich an loch
an robh do mhoch 's do thràth,
ag èisdeachd slapraich a' bhric ghlais
a' tighinn a-steach bhon t-sàl?
No 'n robh thu 'g amharc air bhon bhruaich
is e dol suas gu tàmh
air lochan ciùin am measg an fhraoich
far bheil na laoich a' tàmh?

O gheugag fhraoich, os cionn an t-sruth
an robh thu crochte fàs,
faicinn aibhnichean gun sgur

17

'nan ruith 's 'nan leum gu tràigh,
a' giùlain naidheachd chun a' chuain
gach maise 's buaidh tha 'n sàs
ri beanntan gorma tìr mo ghaoil
nach cuir an aois gu bàs?

O gheugag fhraoich, 's e d'ìomhaigh gaoil
as bòidhche leam thar chàich —
gun d'dhùisg thu smuaintean 'na mo chom
a thogas fonn 'nam dhàn;
ach 's e 'm fàileadh tha bho d'ghèig
a rinn mi fhèin a chràdh,
toirt na mo chuimhne luchd mo ghaoil
tha measg an fhraoich a' tàmh.

A gheugag fhraoich, nach truagh a-nochd,
is tu gun lochd mar bha,
dhol gad spìonadh às an uchd
san robh do thaic 's do bhlàths!
No cò idir làmh gun truas
a bhuain thu far a' bhàrr
airson do thilgeadh sìos gun iochd
air clachan glas na sràid?

O gheugag fhraoich, ma bhios mi buan,
gun toir mi cuairt thar sàil
do na h-eileanan an iar
far bheil a' ghrian cho blàth,
's gum paisg mi thu gu socair ciùin
's mi caoineadh air do sgàth
am broilleach caomh nam beanntan fuar,
's cha dèan iad uaill mu d'bhàs.

AN CIANALAS

Gur neònach leam an cianalas, chan iarr e bhith 'na thàmh,
toirt m'inntinn thar nan cuantan leis gu bruaichean tìr mo ghràidh;
's nan robh agam sgiathan leis am feuchainn thar an t-sàil,
gu leanainn fhèin an cianalas gu tìr san dèanainn tàmh.

Nuair bhios an oidhch' gar cuartachadh 's an cuan a tuath fo sàil,
i mar eun ag èirigh air 's na speuran dubh gu h-àrd,
tha mo shùil sa chombaisde, ach fonn chan eil rium làmh —
mo charaid caomh an cianalas 's e 'g iarraidh bhith gam chràdh.

An iongnadh leat mo shùilean-sa le bùrn ged bhiodh iad làn,
a' cuimhneachadh nan coibhneasan a chleachd mi dh'oidhch' is là,
a' cuimhneachadh mo dhachaigh le gach aoibhneas, mais' is blàths —
O 's bochd leam gur e 'n cianalas a dhùisg mo chiall gu dàn.

Mo dhùrachd thar nam mìltean gu gach gleann is beann is tràigh,
's gach sruthan glas tha gluasad le bruaichean tìr mo ghràidh,
far 'n tric a rinn mi sìneadh nuair bhithinn tinn tron là —
cha robh guth air cianalas, oir b'e grian mo là.

Ach nis ged thuit an oidhch' oirnn, cha dèan sinn caoidh nas mò,
oir dheònaich Rìgh na Trianaid ar feuchainn anns a' bhlàr,
's cha chuir neart a' chianalais gu sìorraidh no gu bràth
dìochuimhne air gach iarratas a chuir E sìos le ghràdh.

19

SGIATHAN NA H-OIDHCHE

Air sgiathan na h-oidhche thig coibhneas is blàths,
toirt fios agus sìth do gach inntinn th'aig tàmh;
bidh m'inntinn-sa 'n uair sin a' gluasad gun dàil
gu dùthaich mo ghaoil far nach fhaod mi bhith tàmh.

'S ann bhios sgiathan na h-oidhche, làn foill is gun dòigh,
a' dùsgadh mo smuaintean gu bruaicheannan m'òig'
gach sruthan is fuaran is fuaim dhomh tighinn beò —
gur tric bhios mi saoiltinn iad sgaoilte fo m'chòmh'r.

Air sgiathan na h-oidhche gu lùiginn bhith triall
a-null thar nam beanntan 's thar ghleanntan mo mhiann,
gu bhith faicinn an àilleachd rinn an t-Ard-Rìgh le rian
chur an dùthaich nan Gàidheal nuair thàmhas a' ghrian.

Nuair thig sgiathan na h-oidhche le coinnleirean làn,
a' ghealach san speur air gach reult a' cur fàilt,
bidh dùthaich mo ghaoil-sa mar phrionnsa gun nàir
a' cadal gun chùram gu dùsgadh an là.

CUL NA H-AIRDE

Ochòin, a chiallain, nach mis' tha cianail
nach robh mi thall ann an gleanntan m'òige,
far 'n d'fhuair mi m'àrach 's mi na mo phàisde
am bràigh Aird Asaig fo sgàil nam mòrbheann.

An sùilean m'inntinn tha 'n dealbh cho cinnteach
's ged bhithinn sìnt' ann an Rubh' na Mònadh —
chì mi Iosaigh 'na laighe rìomhach
's a' mhuir a' dìreadh 'na mill sa Ghlòraig.

Mo shùil ri m'ghualainn, tha cruinn mun cuairt dhomh
na beanntan uaine lem bruaichean còinnich —
an Tarcla ghruamach 's an Cliseam uasal
ag èirigh suas ann gu snuadhmhor bòidheach.

Air mo chùlaibh tha beinn mo ghaoil-sa
far 'n tric a lùb mi mo ghlùn ri m'òige,
Geileabhal ghuanach nan tullach uaine —
mo dhùrachd buan leat, a luaidh nam mòrbheann.

'Na mo bhruadar gur tric mi gluasad
air feadh do bhruaichean 's do chluaintean bòidheach
le m'chuilean ruadhghlas a' leum gun uallach,
's bu mhòr mo ghruaimean mur biodh e còmh' rium.

Sa mhadainn Chèitein air feadh do shlèibhtean
a' tional sprèidheadh bu mhòr mo shòlas —
cha bhiodh gruaimean tighinn beò dhomh 'n uair sin
is m'inntinn fuasgailt' a' ruagadh mhòinteach.

O 's tric leam àmhghair an cois mo bhàrdachd,
's cha dèan mi àicheadh nach fhàs mi brònach —
thig dealt gu m'shùilean, chan eil siud ùr dhomh,
's nach fhaod mi stiùireadh gu dùthaich m'òige.

Gu Cùl na h-Airde nì m'inntinn tàladh
ge b'e àite sam bi mi seòladh —
an-diugh 's a-màireach 's gum faigh am bàs mi,
bidh m'inntinn cràiteach bhon dh'fhàg mi òg e.

A-nis, a chàirdean mo ghaoil a dh'fhàg mi,
mo shoraidh slàn leibh 'nur n-àite-còmhnaidh
san eilean àlainn rinn m'altram sàbhailt
's nach dèan mi àicheadh fad 's dh'fhàgar beò mi.

FAGAIL CHLUAIDH

Fàgail Chluaidh air oidhche Luain,
a' gluasad air muir-tràigh
a dh'fhàg m'inntinn dubhach trom
's mo chridhe brùite làn,
a' togail cùrs' oirre gu tuath,
'n Atlantic buan fo sàil —
O nach robh mi'n tir nam beann,
an tìr nan gleann 's nan àrd.

An oidhche thuit oirnn gu luath
's chaidh watch chur suas gu h-àrd,
fear 'na toiseach, fear 'na dèidh
's fear air stiùir a bhàt';
bha mis' air gunna caol na smùid
's mo shùil air feadh an àit'
mus tig an Gearmailteach le foill
gar faighneachd feadh an t-sàil.

A' Bhànrigh Iseabail cho luath
ri nì chuir cuairt air sàl,
's bu mhòr mo dhùil sa mhadainn chiùin
gu faicinn gleann mo ghràidh,
gun gabhainn soraidh thar nan stuadh
le tìr nam fuar-bheann àrd,
's a cùrsa tron a' Mhinch a tuath
dol seachad suas ris làmh.

'S mar tha gach nì san t-saoghal faoin,
m'aisling cha robh an dàn,
oir thuit a' cheò oirnn san oidhch'

23

's bu ghann gu faicinn càch;
thug siud mo dhoilgheas gu ceann
is dh'fhàs mi fann mar bha,
's mur b'e an cladach bhith dhomh dall,
gu feuchainn ann ri snàmh.

O eilein bhig mo dheuchainn
a dh'fhàg mo chearb ro mhòr,
dol seachad ri do chladaichean
's nach fhaicinn thu tron cheò,
's ged a thug mi spèis dhut
thar gach oighreachd fo na neòil,
gur iomadh oidhche chràiteach
a dh'fhàg thu mi gun dòigh.

O ged gheibhinn uile chòir
air gach òr tha fon a' ghrèin,
ged bheireadh iad gach stòras
san t-saoghal mhòr dhomh fhèin,
gum b'fheàrr leam na gach nì dheth
bhith sìnte fon an speur
an gleann an fhraoich 's na luachrach
gun bhuaireadh ach mi fhèin.

'S e siud a rinn mo phianadh
's mo riasladh air gach dòigh —
a liuthad latha 's bliadhna
nad chrìochan rinn mi spòrs,
's ma thilleas mise 'm bliadhna
no gu sìorraidh thar na bhòids',
gun toir mi cuairt le m'rìbhinn
far nach tuigeadh m'inntinn bròn.

ORAN GAOIL

O tha m'inntinn trom an-diugh,
trom, trom, trom, an-diugh;
O tha m'inntinn trom an-diugh
's nach fhaigh mi guth o m'eudail.

Diluain nuair thog sinn cùrs' oirre,
bu duilich trom fo chùram mi,
am post a' cur a chùlaibh rium
's gun litir ùr o m'eudail.

Nuair dhealaich mi san t-samhradh riut,
gur brònach rinn thu gealltainn dhomh
gu sgrìobhadh tu gun mhaill thugam
sa mhadainn 'n àm dhut èirigh.

O cha bhi mi 'n gruaimean riut,
ged leònadh siud mo smuaintean-sa,
's nuair philleas mi on chuairt seo
gun toir mi ruaig dha d'ionnsaigh.

O gur cinnteach coibhneas dhomh
bho chridhe blàth na maighdinn ud,
's ma thug mi gaol gun fhaighneachd dhut,
cha chaoidh mi e ri m'chàirdean.

Dà shùil ghorm as bòidhche leam
na 'n Cuan a Tuath 's an òg mhadainn,
's 'n àm dealachadh bha deòir orra,
's bu mhòr mo leòn ga fàgail.

Do ghruaidhean mar an sìoda leam
cho mìn 's air dhreach nan dìtheanan,
's gum b'fheàrr leam na na mìltean
a bhith brìodal ri do mhànran.

Ma bheir mi buaidh gu fàbharrach
air cogadh feadh nam bàrrthonnaibh,
gun toir mi fhèin le gàirdeachas
mo làmh dhut mar a gheall mi.

ORAN GAOIL

Tha mi duilich, cianail duilich,
a bhith siubhal thar an t-sàil:
chaoidh chan fhaic mi thu gu sìorraidh —
's tusa dh'fhàg mo chiabhag bàn.

Nan robh agam cead air monadh,
air crodh bainne 's caoraich bhàn,
nan robh òr agam san t-seotal,
ghleidhinn sealladh air mo ghràdh.

Nan robh agam bàt' air linne
sheòladh aithghearr thar an t-sàil,
's mi gu siùbhladh le mo rìbhinn
do gach tìr san gabh i tàmh.

Nan robh agam carbad speuran
air a gleusadh gu dhol àrd,
dhèanainn rathad tro na sgòthan
gu bhith còmhla ri mo ghràdh.

Nam bu lannach mar an t-iasg mi,
's mi gu feuchadh air an t-snàmh —
fada shìos ri grunnd na fairge
dhèanainn falbhan air do sgàth.

Nam bu chalman glas air sgiath mi,
dhèanainn sgiathalaich gun dàil —
cha chumadh gaoth no doineann cuain mi
ged nach d'fhuair mi, luaidh, do làmh.

'S dìomhain dhòmhsa bhith gad chaoineadh
no mo smaointean a bhith tàmh
air gach sonas agus aontachd
eadar mi 's mo ghaol a bha.

'S mura dèan thu tilleadh tuilleadh,
's ann nas tinne bhios mi fàs —
cridhe fuar air thuar an fhaoillich
's e 'na phlaosgan air an làr.

Ged a gheibhinn fiach na cruinne
's e 'na ghinidhean ri m'làmh,
's mòr gum b'fheàrr bhith beagan mhionaid
'n taobh a' ghlinne le mo ghràdh.

Dhut a thug mi fhèin mo chridhe,
dhut a thug mi fhèin mo ghràdh —
's cupan searbh a-nis ri òl e
thu bhith seòladh thar an t-sàil.

Soraidh leat, a ghaoil nan rìbhinn,
soraidh leat gu fìnealt' blàth —
guma fada, fada buan thu;
ortsa nì mi luaidh gu bràth.

A NIGHNEAG A GHRAIDH

A nìghneag a ghràidh, 's tu dh'fhàg an dochair 'nam cheann
air feasgar Di-ciadain 'nam shuidhe 's mi riasladh ri rann;
gum b'fheàrr a bhith sìnte gu socair 's gu sìobhalt' sa ghleann
a' cadal le chèile fo dhuilleach nan geugan ud thall.

'S ann dhutsa mo leannan thug mise mo chridhe 's mo chiall,
mo dhùsgadh, mo chadal, mo reult, mo ghealach 's mo ghrian;
's tu m'oidhche 's mo mhadainn, mo bhùrn is m'anail 's mo bhiadh —
'n am èirigh is laighe 's tu fhèin an aingeal gam dhìon.

Nan robh mise 's mo leannan air slèibhtean farsaing an fhraoich,
gun uallach mu èirigh ach laighe gu sèimh ann an gaol,
toinnte le chèil' ann an sonas gun lèireadh ri taobh,
's an oidhche le cleòca gu buileach a' còmhdach an raoin.

Ann an achlais mo leannain gun caidlinn fada gun sgìths,
fo dhubhar nam beannan far 'm b'òg a b'amaideach mi,
gun sòlas air thalamh lem dheòin a dh'aithnicheadh mi
ach gaol na h-òg-chailin a bheothaich an t-sradag am chridh.

Gun uallach air feasgar bu mhiann leam bhith leasg ri do thaobh,
casruisgt sa mhòintich a' sireadh nan neòinean san fhraoch,
no 'g èisdeachd nan sruthan a' sileadh gu socair 's gu caoin
sios chon na mara ag innse sanais ar gaoil.

An saoghal ged 's farsaing, gum b'fheàrr a bhith tathaich sa ghleann,
ri taobh na h-òg-chailin air thalamh as maisiche leam;
bidh rìomhachd, a h-àilleachd 's a grinneas gu bràth 'na mo cheann,
's ann an lùchairt mo chridhe bidh àite, mo nighean, dhut ann.

Thig fois air an talamh, thig tosd air anail a' chuain,
air tonnan a' chladaich thig tàmh is cadal car uair;
eòin bheag na doire nì fasgadh sona fon bhruaich —
ach mo ghaol-sa do m'leannan, ri m'bheò chan aithnich e suain.

ORAN GAOIL

Ged shuidh mi 'n seo 'nam ònar airson òran chur ri chèil'
's innse dhut mar bha mi 's mar chaidh mi ceàrr 's gach ceum,
chan eil ann ach faoineas a dh'fhaodas bhith gun fheum;
ach riaraichidh e cridhe chaidh a mhilleadh às do dhèidh.

Bha cridh' agam cho aotram ri faoileig air a' chuan
gun d'lotadh leis a' ghaol e, 's bu smaointeanach a bhuaidh,
bhon rinn e mise fhàgail fo àmhghairean cho cruaidh
's nach iarrainn idir tàmh, ach bhith laighe cnàmh san uaigh.

Cha b'urrainn mi dhut innse, tha m'inntinn-sa cho làn,
mar a chaidh mi dhìth is gach nì san robh mi ceàrr;
ach 's e aon dham' ghòraiche a dh'fhàg mo bhròn cho làn
mi bhith strì ri tè eile 's mo ghaol dhut fhèin cho blàth.

Ach mathanas thoir saor dhomh, a ghaoil, anns gach àit';
ged choisinn mi do dhiombadh 's mo chur air chùl thar chàich;
tha deuchainnean, tha piantan 'nan ceudan rium an sàs,
is tròcair chan eil ann dhomh a-nis ach gann bhon bhàs.

Ged dh'innsinn mu mo ghaol dhut, a rìbhinn a' chùil bhàin,
cha dèanadh tu ach saoilsinn gu faodainn bhith na b'fheàrr;
's gur ann a bha mi gòrach nuair thòisich mi air dàn,
ach nì mi nis a dhùnadh 's mo dhùrachd chur nad làmh.

'S e sin gu faigh thu òigear bhios bòidheach am measg chàich,
bhios measail anns na cùirtean is rùn air anns gach àit',
le onair agus cùram gu bràth 'na ghnùis a' fàs,
is Mathas bhith gur còmhdach le chòt' o là gu là.

Soraidh le do chàirdean 's le briathran blàth do bheòil,
le do chuideachd chàirdeil bu tric, a ghràidh, air dòigh;
guidheam dhut mar b'àbhaist sìth is slàinte mhòr,
sonas, pailteas, còir is ceartas fhad 's a bhios tu beò.

ORAN GAOIL

Mi caoidh mo ghòraich' an seòmar uaigneach,
mo chridhe sgàineadh 's mo chàil air fuadach
le mais' na rìbhinn dh'fhàg mi fo smuairean,
's nach fhaigh mi sòlas ach bròn gam chuartach.

Nan robh sinn òg 's sinn gun bhròn gun uallach,
gum b'ait leam còmhradh na h-òg bhean uasail —
tha tlachdmhor àlainn, tha bàidheil suairce,
's a thug dhomh sòlas bhios beò gu buan dhomh.

Na gabh uallach, a luaidh, ri m'chòmhradh,
ged 's mòr mo ghruaimean thig fuasgladh dòigh dhomh;
thig là is ciall, 's chan e pian ach dòchas
nì mise dhùsgadh gu cùrsa dhòigheil.

'S ann anns na speuran na nèamhan àrda
a thòisich gaol a chuir daoin' fo àmhghair —
mas e siud riaghailt an Trian as àirde
cò air an t-saoghal a dh'fhaodas àicheadh?

Bhon thòisich tìm 's a chaidh brìgh an nàdar,
's bha fear is tè leotha fhèin sa ghàrradh,
bha iomadh buaireadh gu dualach làmh dhaibh,
ach fhuair sinn sìth 's tha gach nì cho àlainn.

Ma nì mi dàn dhut no luaidh air d'àilleachd,
cha ghabh thu fuath a bhios buan gu bràth dhomh;
's ann tha mi 'n dòchas gur còir do nàdar
's gum bi sinn còrdail fhad 's 's beò bhon bhàs sinn.

Dèan cadal sunndach, a ghaoil, gun bhuaireas,
gu sona saoirsneil gun smaoin air luaineas;
's gum bi do dhùsgadh gu saor den uallach —
b'e siud mo dhùrachd do ghaol nan gruagach.

CUIMHNEACHAN

Far an coinnich an t-adhar 's na speuran
thar èirigh is beucadh a' chuain,
fada 'n ear, an dùthaich nam beannaibh,
bidh mo shùil 's mo bheannachd gu buan.
Siud far bheil cailin mo chridhe
dhan tug mi 'n gaol sona gun uaill,
nach dèan sìoladh no tràghadh ri m'mhaireann,
nach fannaich 's nach caidil an suain.

Nuair a nochdas a' ghealach san fheasgar
's a rathad gu feasd tro na reult',
bu mhòr bu mhiann leam bhith siubhal
air a' chùrsa a shuidhich i fhèin
a-null gu taghadh nan caileag,
mo ghaol gu daingeann 's gu rèidh,
a rugadh an dùthaich nam beannaibh
's a tha nise cho fada bhuam fhèin.

Nan robh agamsa cothrom na bàrdachd
gu siùbhlach gu dàn chur an rann,
's mi mholadh do ghrinneas is d'àilleachd,
do choibhneas, a ghràidh, aig gach àm;
bhon bhuail thu aig doras mo chridhe
's a cheadaich mi tighinn dhut ann,
an gaol a bh'air sìoladh gu cadal
gun d'dhùisg thu le d'mhaise gu fonn.

Cluinnidh mi daoine ri gearain
an samhradh 's am foghar air chall,
's gun aca ach gearran is faoilleach
's an geamhradh as aognaidhe greann,

ach dhòmhsa tha luimead nan craobhan,
gun duilleach ach rùisgte gu crann,
coltach ri m'chridhe 's e brùite,
's nach bi mi às d'aonais ach fann.

Cha chluinn mi do ghuth mar a b'àill leam,
chan fhaic mi do ghàire rium fhèin,
chan fhaic mi idir air sràid thu
aig cuirm, aig bàl no aig fèisd,
ach bidh cuimhne, mo leannan, gu bràth ort
le gaol nach fàilnich 's nach trèig —
mo ghaol 's mo bheannachd gu bàidheil,
mo chailin, a ghràidh, agad fhèin.

LAMH-SGRIOBHAIDH MO LEANNAIN

Thàinig plosgadh nam chridhe,
mo chuislean rinn braonadh le uaill —
làmh-sgrìobhaidh mo leannain
thug naidheachd nam beannachd thar chuairt;
a' mhadainn bha dorcha gun mhaise,
ann am mionaid bu thlachdmhor a snuadh,
's grian mo ghaoil-sa ri deàrrsadh
le sonas, le blàths agus uaill.

O, nan robh mi mar dhealan
a shiùbhlas le cabhaig tron speur,
le cothrom tàmh aig do leabaidh
gu sìtheil sona leinn fhèin,
gun bhuaireadh idir air thalamh
toirt goirteas no dochair ach spèis,
do bhean mo ghaoil-sa 'na cadal
's a' dùsgadh bu mhath leam bhith rèidh.

O, cuir tosd air mo chridhe
's e plosgadh mar ite le steall —
far 'n robh trom-uallach is eagal,
tha sìth agus sonas gun cheann;
tha do naidheachd an-diugh ag innse
cho òirdhearc 's a sgrìobhas do pheann
gu bheil dùil riut a thighinn dhachaigh,
's mi 'n dòchas nach fhada gun àm.

Cha b'e cleachdadh na gòraich'
dhùisg bilean mo bheòil-sa gu dàn
ach gaol maiseach na gruagaich
tha mar eala nan cuantan 's i snàmh.
Tha i maiseach 'na gluasad,
cliùiteach is uasal 'na gnàths,
's gur tric na h-òrain as binne
ri sileadh bho bhilean mo ghràidh.

Ged gheibhinn cothrom na h-uaisle
bhon bhàn-righ as luachmhoir' tha beò
agus àirde na spiris
ann am pàileas bhiorach an òir,
b'fheàrr uair le mo leannan
air ùrlar gleannan an fheòir
no 's dòcha leth trath air buailidh
le sonas a' cuallach nam bò.

Slàn leatsa, mo leannan,
gu faic mi maise do ghràidh
tha deàlradh mar reulta
cho fada 's na speuran gu h-àrd;
do choibhneas 's do dhòighean
bidh cuimhne ri bheò aig a' bhàrd,
is mo ghaol-sa ma's fhiach e,
gur leatsa gu sìorraidh e, ghràidh.

BRADAN RODAIDH

Moch madainn 's mi dùsgadh
à cadal aislingeach trom,
's ann a chuala mi 'n ùpraid
's chuir mi cùl ri mo shrann;
nuair a dh'fhidir mi daoine,
bha mi glaodhaich, "Cò th'ann?"
Ach cha fhreagradh an ceàrd mi,
's e bh'aige gàire san àm.

Rinn mi oidhirp gu èirigh
ach siud fhèin cha b'e spòrs —
's ann bha 'phlaide 'na cuachaig
fada shuas mu mo shròin.
Rinn mi cabhag gu tionndadh —
's ann a dhùblaich an sgòd,
mi mar neach ann an iarainn
's mi cumail sìos ana-ghlòir.

Anns an t-seòmar 'n taobh shuas dhiom
bha cupall suaimhneach 'nan tàmh —
nuair a thòisich an t-uabhas,
leum iad luath chon an làir.
Bha Peter Kenny 'na bhruaillean
anns an tuaileas mar bha,
bha na dorsan air gluasad
's e cur cuairt air an làr.

Putan sleamhainn an dealain
cha robh siud farasd' a lorg,
bhon a dhìrich e 'm balla

gun aon solas air dearg.
’S ann bha Mina ag eubhach,
brèid gùn-oidhche ’na dòrn,
“Nach las thu coinneal, a thruaghain,
gun fhios nach buail thu do shròin.”

Ach thàrr mise an t-ùrlar,
’s cha b’e stiùireadh a b’fheàrr
bh’air na casan cho crùbach
dol a-null air an làr.
Bhuail mi oisean na h-òrdaig —
siud an leòn rinn mo chràdh —
’s thug mi chliù air an fhuamhair
bha muigh a’ bualadh air clàr.

’Nuair a ràinig mi ’n doras
’s a dh’fhosgail mi suas,
bha mo charaid ’na sheasamh
gun aon chaise ’na ghruaidh,
is e faighneachd mu chuilean
nach robh idir mun cuairt.
’S ann a shìn e ’nam dhòrn-sa
iasg reòthta bha fuar.

Bradan sleamhainn cruinn slìobach
trom-ghainneach, ’s e fuar,
lannach earballach ciar ghlas —
cha b’e mo mhiann e san uair;
iteach easgannach sgiathach
air an lìon nach tug buaidh,
iuchrach leathanach ciar-shùileach —
’s e shìol nach bi buan.

Thug mi sùil thar a ghuailneadh —
bha aodann truasail beag bàn

le oiseanan uaine
mu na cluasan a' fàs.
Gu dearbha bha fuachd air
's bha thuar mar am bàs;
mar thannasg gun d'ghluais e
's cha chualas a spàg.

Chaidh am fuaim nis a mhùchadh
ach bha mo dhiombadh ro mhòr.
'S ann à aisling a dhùisg mi —
O, mo ghaol air an òigh!
B'fheàrr na bradan na fairge
à linne gharbh an t-sruth mhòir
beagan mhionaid na h-uarach
le mo luaidh fon a' chlò.

Nis nam faighinn mo roghainn,
's mi gun taghadh an t-àit'
far an stobainn am bradan
le chuid lannan an àird —
gum biodh earball air Rodaidh
chuireadh annas air càch,
far nach d'òrdaich Fear-riaghlaidh
iasg riamh dhol an sàs!

Soraidh slàn leibh, a chàirdean,
is mo ghràdh air a' ghleann
san òg an deach m'àrach,
ged nach dàn dhomh bhith ann.
Na gabhaibh gruaim ri mo bhàrdachd —
chan e cnàmhan a th'ann
ach spòrs is ceòl-gàire
gu mo chàirdean tha thall.

ORAN AN ARAIN-CHOIRCE

An t-aran-coirc aig Iseabail* bha annasach gu leòr dhomh,
ach rinn mo chridhe breabadh nuair a chuir i air a' bhòrd e —
gu robh staoic gu h-ealamh dheth dol seachad air mo sgòrnan,
's cha toireadh ginidh Sasannach an toileachadh ud dhòmhsa.

Am blas a bha cho measail dhomh on chleachd mi e o m'òige,
le ìm ùr a' chrannachain gha sgapadh air 'na òirlich,
's cha dèanadh bèicear Sasannach le annasan ma mheòirean
an toileachas nam chridhe-sa rinn aran measail Leòdhais.

Ma gheibh thu a chaoidh tuilleadh e, Iseabail, dèan cuimhne:
tha balach anns a' bhaile seo a chaithriseadh fad oidhche
nam faigheadh e bloigh bonnaich dheth gun silidh is gun ìm air,
ach dìreach mar a rinneadh e cho urramach ri Eubha.

Taing do na corragan a dheasaich e 's a shìn e,
a chàirich air a' ghreideil e gha theasachadh gu sìobhalt',
a chuir an sin don pharsail e do Ghlaschu mhòr na strìleadh,
gun fhios nach robh fear Hearach ann bhiodh toileach airson pìos dheth.

Mo ghaol air a' 'Chloroform', 's math a rinn i seinn dhuinn
òran a' bhàird urramaich air an cumar cuimhne;
ged loisg mi mo chorragan, bu mhath a chaidh an oidhche,
's ma gheibh mi cuireadh tuilleadh bhuat, air m'onair fhèin gun till mi.

Cha dèan math dhomh codhunadh gun moladh air a' chèilidh,
an oidhche bha 'n t-aran againn 's thug sinn greis ri èisdeachd;
an t-inneal a bh'aig Alasdair, gur math a chaidh e fhèin ris,
le puirt is òrain bheannaichte a thigeadh math air Gàidheil.

*Iseabail NicIomhair.

OIDHCHE NA TUBAIST

An cuala sibh idir mar dh'èirich an tubaist?
An cuala sibh idir mu chuideachd Dhùn Eideann?
An cuala sibh idir mar dh'èirich an tubaist,
iad glaiste san lift ann an Aitreabh nan Gàidheal?

Seonag NicCoinnich, Iona is Peigi
is Eilidh nam beannachd 'nan ceathrar le cheile,
's gun chìrean cinnidh 'na cheann air an turas
bha 'n ceatharnach sgoinneil ud Seòrsa MacClèibhidh.

Cha b' ann air fuasgladh bhon dochair bha aire nam ban
ach air pronnadh a' bhalaich a choisinn an èiginn.
Bha Seòrsa 'na chabhaig nuair thòisich an t-sabaid,
's nuair thàirneadh e anail, 's e "Help!" bhiodh e 'g eubhach.

Chaidh fios ann an cabhaig a mach feadh a' bhaile
am facas an Glaschu a' tighinn far trèin iad,
banal de chaileag agus giobal de bhalach
a gheall a bhith seinn dhuinn a-nochd aig a' chèilidh?

Aig gach maor-sìth sa bhaile bha òrdugh gu daingeann
bhith rùdhrach gun anail gun fhios ciod a dh'èirich.
An robh iad san abhainn, no 'n deach an ruith thairis?
Dè idir a thachair do chomann Dhùn Eideann?

Bha Marcaich nan Capall a-mach air feadh Ghlaschu,
an dùil gur e 'n togail bhon talamh a b'fheudar,
no bodach na gealaich le foill rinn am mealladh —
'n do sgrìob e don ghealaich gu h-ealamh leis fhèin iad?

Chaidh fios chun an telly le òrdugh gu dèanamh
an dealbh a chur farsuing a-mach air an àidhear,
's nam faicist' le neach iad air nèamh no air thalamh,
fios chur le cabhaig gun rùnaire, Blair.

Bha 'n t-Arm air a dhùsgadh gu cladhach nan cùiltean
le biodagan rùisgte gu sgiùrsadh nan treudan;
thuirt Còrnailear reamhar, "'S e th'againn kidnapping —
O thugaibh an aire nach teich iad a dh'Eirinn!"

Bha cailleach à Grabhair 's na deuran ga dalladh,
i 'g innse mu mhanadh a choisinn dhi èiginn —
chunnaic i sealladh os cionn nam mòr-bheannaibh
is chual' i "Hosanna" 'ga sheinn anns na speuran.

Ach fhuaras a' chuideachd 's an lift air am prannadh,*
's dhùisg iad gu faramach anail na ceilidh.
Mo ghaol air a' cheathrar a sheinneas cho loinneil,
's mo cheud mìle beannachd aig balach an fhèilidh!

*i.e. pronnadh.

HO HORO BHODAICH

Hò horò bhodaich, nach cuidich thu 'n t-sìde,
's mis' air mo dhochann aig frasan tha millteach.
Hò horò bhodaich, nach cuidich thu 'n t-sìde.

Ma thèid mise tuilleadh
a-null dha na Hearadh,
bidh currac 's umbrella
sa bhaga gu cinnteach.
Hò horò bhodaich ... etc.

Bha uisge 's clach-mheallain
a' bàthadh mo cholainn —
air m'fhacal 's air m'onair
mo chraiceann a thill e.
Hò horò bhodaich ... etc.

A' tadhal mo chàirdean
bho àite gu àite,
bha sruth às mo shàilean
is dh'fhàisginn mo lèine.

Ag iasgach na smalaig
ri ìochdar a' chladaich,
an gailleann 's an cathadh
a' glasadh nan speuran.

An t-eathar aig Ceanaidh
ag èirigh le faram
air aodann na mara,
a dh'aindeoin mar shèid i.

Thug i sinn dhachaigh
gu Tairbeart na Hearadh,
's an t-sìth a bh'air m'anam
chan urrainn mi innse.

Mo bheannachd aig Seonag
bha fàsgadh mo bhriogais,
is mise gu spaideil
ann an aparan sìoda.

Thug i dhomh drathais
bha aig seanmhair a h-athar,
's bha i cho cumhang
's gun d'split i gu h-ìseal.

'S ann thuirt i, "Nach suidh thu
gun tiormaich do bhriogais,
's gum bruich mi dhut giomach,
a' bhodhaig 's na h-ìngnean."

Soraidh le m'chàirdean
a b' fheudar dhomh fhàgail;
mo shoraidh 's mo ghràdh dhuibh
gu bràth gus an till mi.

TAING DO DH'EOGHAINN
MAC-A-PHI (AM BBC)

A-nochd air deagh dhòigh, mi gun sgleò air mo nàdar,
am shuidhe 'nam sheòmar le leabhraichean Gàidhlig
a fhuair mise bhòn-de le pròis agus àrdan
bho làimh an fhir chliùitich nach cùmhnadh a' chànan.

An taing a bu mhiann leam a dhìoladh do m'nàbaidh
am bàrdachd chiùin uasail gun truailleadh na càradh,
gur cùram 's gur truagh dhomh nach d'fhuair mis' an tàileant
a sgeadaicheadh suas i mar fhuair mi sa Ghàidhlig.

Gu h-aoibhneach mo mheòirean le deòin 's mi gan sìneadh
mu dhuilleagan òirdhearc, 's mi 'n còmhnaidh gan slìobadh,
gan leughadh, gan tuigsinn, gan cleachdadh, gan sgrìobhadh —
's gur mòr a' chùis-shòlais bhith beò gus an tìm seo.

Ma's e taing a nì feum dhuibh, 's mi fhèin a tha deònach
le m'bhilean, ged 's teum iad, sin fhèin chur an òrdugh,
oir choisinn sibh fhèin bhuam thar creutair le m'eòlas
gach urram is dìlseachd, 's mi fhìn a tha pròiseil.

Mòran taing dhuibh, a charaid, sibh a dh'aisig dhomh sòlas
le bhur leabhraichean tlachdmhor a chuir mais' air mo sheòmar;
's e m'ùrnaigh 's mo ghuidhe guma fada sibh còmh' rinn
gu bhith stiùireadh mar chleachd sibh le tlachd 's air bheag còmhstri.

SEOLADH CLADAICH

'S e duine gun chiall 's e idir gun rian
nì fanaid air stuadh 's air gaoith,
nì brosnachadh trom air bharraibh nan tonn
gun fhaiceal gun fhonn 'na stiùir;
gur h-iomadh fear treun a choisinn dha fhèin
leabaidh gun dèil gun bhùird,
a chaidil sa chuan gu h-aithghearr 's gu luath
's gu deireadh nam buan nach dùisg.

Chunnaic thu 'n gleann gu h-ealamh 's gu teann,
cho fada, cho seang 's cho caol,
's tu marcachd le uaill air aghaidh a' chuain
gun ghuth air a' bhruaillean dlùth —
gu faodadh e spreadhadh gun mhionaid ach gann
's nach fhaiceadh tu crann no lùb,
d'anam fo phian ri aghaidh nan sian
's nach fhaicte gu sìorraidh d'ùir.

'Na chat-spogan farsaing a' teannadh a-nall,
's e 'g iomairt nan tom gu smùid,
tha cnapan a' mhillidh far mhullach nam beann
'na chabhaig 's 'na dheann tighinn dlùth.
'S e maraiche fiosrach 's a shùil air a' bheinn
a dh'aithnicheas srann gach gaoith,
nì ullachadh deiseil fo chomhair an àm
san cruinnich i teann sna siùil.

Mar eachlasg a' bragail gach maide 'na com,
gun chaomhnadh air spàirn brat-shiùil,
ga fàsgadh, ga putadh, ga cumail air fonn

mus fàilnich a deann 'na cùrs',
am falmadair daraich gu daingeann nad dhòrn,
's gur h-ealamh gach meòir 's gach lùgh,
ga gleusadh gu carach 's ga togail thar thonn
's i marcachd bhom bonn le sùrd.

Dh'ionnsaich thu leasan, a charaid, glè òg
air ullachadh sheòl sna caoil,
gu fuaradh, gu fasgadh, ge b'e dhiubh bhiodh ann,
gun seòladh ro theann don mhaoil;
le doimhneachd na mara a chumail fo sròin;
cha bhi uallach no bròn dha taobh,
's i siubhal 'na cabhaig tro ghleannaibh nan stuadh
fo chainbe ruadh 's fo thaod.

'S e gliocas a' mharaich' tha sabaid ri cuan
's a dhùil a bhith buan gach àm,
eòlas is tuigse nuair thig an an-uair
's a tha teanntachd ro chruaidh dha ann,
làimhseachadh loinneil air eathar 's air sgòd
le misneachd is pròis nach gann,
ga stiùireadh gu cala 's a h-anart air dòigh
fo chomhair gach bròin a bh'ann.

MAR CHUIMHNEACHAN AIR FIONNLAGH*

An iongnadh leibh mo shùilean-sa
a nochd bhith brùchdadh dheòir,
a' cuimhneachadh mo charaide
bha daingeann anns gach dòigh.
Do chaoibhneas anns gach àite rium
a ghràidh, bhon bha sinn òg,
a chaoidh, a chaoidh cha dìochuimhnich
gu sìorraidh is mi beò.

Tha cuimhneachan, tha cuimhneachan
tha cuimhneachain gu leòr —
an rionnag anns na speuran,
a' ghealach leum tron cheò,
na sruthanan a' siabadh
gu lìonadh a' chuain mhòir —
ag ùrachadh mo smuaintean
air d'uaisleachd 's air do dhòigh.

'S ann bhios a' bhean ag ràidhtinn rium,
"Nach sguir thu, ghràidh, den bhròn
's fhios agad do nàbaidh
a bhith sàbhailte sa chrò."
Ach ged a gheibhinn fianaisean
a-nochd bho Dhia na Glòir,
cha b'urrainn mi gun caoineadh
'son an laoich tha 'n-diugh fon fhòd.

Ged gheibhinn cothrom speuradair
a-mach sna nèamhan shuas,
is òrdan do thoirt cùramach
a-null gu uchd an Uain,
bhiodh teagamhan gun srian orra
gam riasladh anns an uair,
's ged shìninn do Naomh Pàdraig thu
's e d'fhàgail a bhiodh cruaidh.

Fhionnlaigh, 's ann a dh'fhàg thu sinn
san fhàsach às do dhèidh,
bean is clann is bràthair
's na càirdean tha 'nan treud,
iad uile caoidh an àrmainn
bha snasail gràdhach, rèidh,
an t-urram bha cho nàdarra —
b'e siud, a ghràidh, thu fhèin.

Nuair thig àm dhuinn gluasad,
tron uaigh is tron a' bhàs,
a-null air abhainn Iòrdain
gu còmhlachadh le càch,
gur e mo ghuidhe 's m'ùrnaigh
ri Rìgh nan Dùl gach là
gum bi sinn uile còmhladh
an Tìr na Glòir a' tàmh.

*Fionnlagh Moireasdan, caraid is nàbaidh.

AN DEOCH

Eirich, anam, 's tog do ghuth
's saltair air an tràill
a dh'fhàg thu nochd cho ìseal bochd
's nach fhaigh thu fois no tàmh.
Nach ann agad a tha 'n ceusadh,
's èibhinn mar a tha,
's gu robh thu uair a' ruith nam bruach
gu sona suain mar chàch.

Thogadh thu 'nad bhalach òg
's riut iomadh pròis a' fàs;
chleachd thu stuamachd aig gach uair
gun ghuth air truaigh' no cràdh;
ann an uaisleachd dh'fhàs thu suas,
tha seo ri luaidh aig càch,
's tha thu nis 'nad dheòraidh truagh —
bu mhath leat suain a' bhàis.

Dhùisg an leòmhann às a' chùil
's chaidh thusa null 'na dàil.
"'S e 'n deoch," ars ise, "their iad rium
's tha mi toirt sunnd is àgh.
Ma dh'èisdeas tusa greiseag rium,
gu sunndaich mi do chàs,
gun dèan mi dhìotsa duine ùr,
's nam chùirtean bidh thu tàmh."

"Bheir mi tapachd dhut is neart
a mhaireas dhut gu bràth;
lìonadh mi gu làn do chliabh

le spionnadh fìorghlan blàth.
Ma dh'òlas tusa cuibhreann dhiom,
cha bhi ort fiamh ro chàil:
cha bhi eagal ort no sgiamh
gu sìorraidh rè do là.

"Gheibh thu companaich às ùr
le iomadh mùirn is gàir'
a dh'innseas dhutsa mun a' bhuaidh
th'aig leòmhann ruadh an àigh.
Nuair bhios iad tùrsach agus truagh
's an cridhe fuar air làr,
gur mise nì an togail suas
le spiorad buadhmhor blàth.

"Chan eil leisgeul fon a ghrèin
nach geall mi fhèin an dràsd';
ionnsaichidh mise dhut gu luath
mar bheir thu buaidh air gnàths,
mar gheibh thu cothrom air an òl
gach oidhche mhòr 's gach là,
's cha ghearain duine gur e bhreug
tha ann ad bheul an sàs.

"Nuair thig an geamhradh oillteil cruaidh
's e sguabadh far nam beann,
bidh corp an duin' a' gearain fuachd
's bidh 'n truaghan a' fàs gann.
Gu dè as fheàrr na làn na cuaich
a chumas gruaim air chall,
's a chumas cridhe riut is buaidh
le bruaillean chur 'nad cheann?

"Nuair thig an samhradh measrach blàth
cur àill' air cnoc is gleann,

's a bhitheas fallas far do ghruaidh
gha d'fhàgail uairean dall,
nach math a fhreagradh drama chruaidh
gu d'fhuarachadh 's tu fann,
thu pàithteach tartmhor mar bu dual
's do shaothair cruaidh gach àm?

"Nuair a thig Bliadhn' Ur mun cuairt
le mire 's ceòl is danns,
gu dè as fheàrr na searrag làn
den stuth bheir bàidh nach gann?
Leisgeul chan eil ort a dhìth
ach sìneadh ris an àm,
's òl do leòr de stuth le brìgh
tha guineach geur mar lann."

MI LEONTE

Eòin bhig an t-slèibh
thèid aithghearr tron speur,
am faic thu mo chreuchd
's mi leònte?
Mo spiorad, mo ghnè
a' diùltadh dhomh feum,
àmhghair 's guth breun
gam chòmhdach.

Aingeal nan nèamh,
an cluinn thu nis m' eubh,
mo mhulad 's mo phèin
's mi leònte?
Ann an dubhar nan geug
chan eil fois ann dhomh fhèin,
mo bheatha 's mo chèill
gun òrdagh.

Ainmhidh an t-slèibh,
nach stad thu 's nach èisd,
nach tabhair thu fhèin,
's mi leònte,
comhairle gheur
a dhùisgeas mo chèill
mus fàiltich a' chill
mi sònraicht?

Iasgain a' chuain
nach tric ann an suain,
thoir freagairt le truas

's mi leònte!
Comhairlich mi
ann am priobadh de thìm
mum paisgear le sgìths
fon fhòd mi.

A bhean chèile mo luaidh
sam bu tric rinn mi uaill,
nach tabhair thu truas
's mi leònte!
Bheil cumhachd fo nèamh
as aithne dhut fhèin
nì fuasgladh gu sèimh
do m'dhòrainn?

A bhràthair mo ghaoil
dom b'eòlach mo smaoin,
an cluinn thu mo ghlaodh
's mi leònte?
'Na do ghliocas ro mhòr,
's tu faicinn mo dhòigh,
nach toir thu dhomh seòl
air faochadh?

O phiuthar mo ghràidh,
nach sìn thu do làmh
le foighidinn bhlàth
's mi leònte?
Le cumhachd do bheòil,
nach foillsich thu dòigh
m'aiseag gun bhròn
gu slàinte?

URNAIGH

Eisd ri m'ùrnaigh, a Dhè,
's dèan freagairt rium fhèin gu grad;
fuasgail a' cheist na mo bheul
's ùraich dhomh fhèin do reachd;
cuir neart na mo chridh' agus dìon
le tonaisg is ciall bhios ceart,
a' dòrtadh do choibhneis 's do ghràis
far nach airidh ach bàs no smachd.

Rugadh is thogadh mi òg
ann an coibhneas do ghlòir gun sgur,
dh'ionnsaich is chleachd mi le pròis
bhith umhail do d'dhòigh gu tur;
ach chaidil an eanchainn am cheann,
mo chridhe dh'fhàs fann 's mo ghuth —
cha do ghlaodh mi ri Dia 'nam fheum
's dh'fhàg siud mo speuran-sa dubh.

O Thì a chruthaich gach duine,
a bheartaich gach talamh 's gach nì,
a thug dhuinne grian agus gealach
is cothrom air muir agus tìr,
èisd a-nise ri m'achain,
cuir neart agus spionnadh nam chrìdh' —
a Dhè, 's ann agads' tha 'n comas
air gràs, air sonas 's air sìth.

Bheathaich thu Rut is Naomi
le dìoghlam a-muigh air an raon.
Thabhair thu sonas mar èirig

's do bheannachadh fhèin air gach taobh.
Deònaich nise rium èisdeachd
is m'anam ag eubhach 'son saors' —
gu dè an ìobairt air thalamh
a choisneas dhomh maise do ghaoil?

A Dhè, thug thu slàinte don bhacach,
thug thu fhradharc air ais don an dall;
don mheàirleach air aodann crann-ceusaidh
thug thu àit anns na nèamhan mar gheall;
chuir thu Israel a-null air an abhainn
's thug thu mana mar aran dhaibh ann —
nach èisd thu, Dhè naomha, ri m'ghearain,
m'anam 's mi 'n impis a chall.

O thusa tha riaghladh an domhain
's a shuidheas gu feasd leis a' chrùn,
dhan tug Maois agus Dàibhidh an t-urram
a choisinn dhaibh dachaigh ri d'thaobh,
fosgail dhomh uinneag nan nèamhan,
aon sealladh gu sèimh air do ghnùis,
's dòchas gun cleachd mi le eòlas
mathas do thròcair dha m'thaobh.

Tha 'n gadaiche falachaidh san oidhche
a' teannadh le foill orm dlùth,
gun ghealladh air mionaid na h-uarach
ach sgaradh dhan uaigh le do rùn;
tha eagal mo bheatha gam lìonadh,
mo spiorad 's mo chiall gun sunnd —
a Dhè tha riaghladh sna h-àrdaibh,
nach tabhair thu gràs dhomh às ùr.

SMUAINTEAN DIOMHAIR

Tha sean-fhacal againne sgrìobhte
ma's fhior a tha 'g innse le cinnt
gur trì nithean thig oirnne gun iarraidh —
an t-eagal, an t-eudach 's an gaol;
ach càit an do dh'fhàg am fear sgrìobhaidh
an nì sin as priseile th'ann? —
ùm tha aithghearr gu tighinn
's thèid a-rithist le cabhaig air chall.

Mochthrath air madainn mo shiubhail,
fìor thoiseach mo latha fon ghrèin,
mi deoghal na cìch' a bha smiorail,
biadh agus beatha dhomh fhèin,
paisgte gu sìobhalta socair
sa bhroilleach bha ionmhainneach treun,
gun iomradh air eudach na eagal —
's e bh'agam ach toiseach mo rèis.

Dh'fhosgail an saoghal mo shùilean,
sheall mi le cùram mun cuairt;
mar ainmhidh ùr 's e air aineol
rùdhraich mi iomall gach cluain;
chunnaic mi 'n talamh 's na speuran,
a' ghrian, a' ghealach 's an cuan,
dh'amhairc mi dùmhlachd nan reultan,
ach ùm cha d'aithnich 's cha chual'.

Dh'ith agus dh'òl agus dh'fhàs mi,
fhuair mi eòlas air gàire 's air sunnd,
air cridhealas, aighear is àbhachd,

air subhachas, àilleachd is mùirn,
air uallach, air eagal, air farmad,
air mulad, air teòmachd 's air sgìths,
ach fhathast cha d'fhairich mi falbh e —
an slaodaire cealgach ud, tìm.

Fhuair mi mion-eòlas air fàileadh,
air blas, air cràdh is air fuaim,
air fradharc, air fearg, air nàdar,
air suidhe 's air sìneadh 's air suain,
air coiseachd, air cromadh, air dìreadh,
air leisgeul, air fìrinn 's air breug,
is dh'ionnsaich mi cleachdadh nach sàsaich —
sin tìm a chaitheamh gun fheum.

Cluinnear fuaim aig onfhadh na mara,
bualadh gu daingeann air tràigh;
crathaidh an tàirneanach baile
le bhraigeal air bragail gu h-àrd;
gur tric an-fhoiseil an cadal
le fuaim na clagraich air sràid,
ach tìm cha chuala sìon idir,
ged shuathas e seachad gun tàmh.

Tha làithean na h-òige cho grianach,
cho greimeil, cho ciatach 's cho grinn,
cho sòlasach, inntinneach, fialaidh,
mireagach, àghmhorach, binn,
gun mhulad no osna no àmhghair,
doilgheas no tàmailt no bròn,
ach suilbhearachd fharasda bhàidheil
sàsachadh spiorad nan òg.

Dh'ionnsaich an Domhain dhomh tràthail
eòlas air blàths agus fuachd,

60

air sabaid, air sìth is air cràbhachd,
air tinneas, air slàinte is uaill;
air struidheachd 's air fialaidheachd nàdair
dh'ionnsaich mi àraid gach buaidh,
's ma fhuair, cha d'aithnich mi 'n tàileant
a sgapas an gràn fon an truaill.

Bu tric ann an làithean na b'òige
le còmhlan mi 'n seòmar nan teud,
sòlasach, aighearach, àghmhor
a' dannsa gu àirde nan speur,
gun bhròn, gun imcheist, gun uallach,
gun ghruaim air bith fon a' ghrèin,
gun ionndrain air cadal no dùsgadh
is ribheid a' chiùil fo ghleus.

Duinealas, càirdeas is truacantas,
comhairle a fhuair mi bhon aois:
"Na bi idir 'nad shruidhealach suarach
a' criomadh gu buan measg nam plaosg.
Cleachd a bhith saoithreachail gnìomhach
mar sheangan ri lìonadh a bhùth,
oir gàdag is cinn aice fuasgailt,
cha cheangail i buarach no laogh."

Ach comhairle aois air an òige
's tric leam gu brònach chaidh clì,
'nuair thilg mi teadhraichean pàrant
's a dh'fhàgadh 'nam ònar mi strì;
mar bhreac air ùr-thighinn don linne
a ghlamhas air dubhan fo bhiadh
's a liùbhraigeas seachad an anail
gu h-ealamh air cladach gun dìon.

Rùisgidh an geamhradh na crannaibh
san t-samhradh tha fallain fo bhlàth,
an t-sòbhrag tha flùrach sna sgoran
’s a leagas a’ ghailleann gu làr,
gu socair ’s gu sìobhalt’ ’na cadal
tro reothadh ’s tro chathadh a’ bhlàir —
ach mise, nuair sheargas an duilleach,
cha dùisg an t-earrach e ’n àird.

Tìm, gu siorraidh an-fhoiseil,
tha teann a-nis air mo shàil,
madainn mo latha dol seachad,
grian feasgair a’ cromadh gu làr,
’s na smuaintean dìomhair mar thachair
dhùisg uallach, eagal is sgàig,
buaireadh, doilgheas is teanntachd
cur theagamhan greannmhor an sàs.

Mo sgeula, nan innsinn i uile,
a caidreamh bhiodh fada ro throm,
le sgrùdadh a-mach na bheil glaiste
ann an cùiltean na h-inntinn air chall;
’s a’ cheist tha daonnan air m’aire,
fuasgladh chan fhaigh mi dhi ann —
an tomhais mo chuibhreann de mhathas
na chruinnich a dh’olc ’na mo cheann?